SEMBRADOS
EN BUENA TIERRA

Aprendiendo a ser un
discípulo

¡para niños!

SEMBRADOS
EN BUENA TIERRA

Aprendiendo a ser un
discípulo

¡para niños!

Heriberto y Elsa Hermosillo

Vida®

La misión de Editorial Vida es proporcionar los recursos necesarios a fin de alcanzar a las personas para Jesucristo y ayudarlas a crecer en su fe.

SEMBRADOS EN BUENA TIERRA
APRENDIENDO A SER UN DISCÍPULO
Edición publicada por Editorial Vida - 2008
Miami, Florida

Adaptación para niños: *Patricia Sánchez*
Adaptación del interior: *Good Idea Productions*
Diseño de cubierta: *Rodrigo Galindo*
Adaptación: *Cathy Spee*
Coordinadora de producción: *Mariana Díaz González*

ISBN: 978-0-8297-5360-8

Categoría: Ministerio cristiano / Discipulado

Impreso en Estados Unidos de América
Printed in the United States of America

08 09 10 11 ❖ 6 5 4 3 2 1

Índice

Sembrados en Buena Tierra para niños

Sembrados en Buena Tierra para niños, es un material dirigido a padres y maestros que desean instruir a niños entre 4 y 12 años, en la Palabra de Dios.

Para este fin, la estructura que se presenta es:

1. Objetivo.
Identifica los puntos principales a reforzar.

2. Textos.
Pasajes bíblicos que son la base de la enseñanza.

3. Versículo a memorizar.

4. Desarrollo del tema.
Es una guía de la enseñanza, para padres y maestros, en el extremo derecho de la hoja, se incluyen también los pasajes bíblicos que se citan durante la enseñanza.

5. Aprendizaje activo.
Actividades y juegos, para niños pequeños y grandes, que sirven para fijar la enseñanza de una manera práctica y divertida.
El padre o maestro, puede sacar fotocopias de las ilustraciones y hojas de actividades, para repartir a sus niños.

Aprendiendo a ser un discípulo para niños
Los niños aprenden a descubrir la diferencia entre ser un creyente y ser un discípulo, y se preparan para alcanzar este objetivo a través de 7 pasos.

Aprendiendo a orar para niños
Nuestros hijos pueden desde pequeños aprender los principios que Jesús enseñó a sus discípulos, cuando estos le pidieron, "enséñanos a orar".
Basados en lo que conocemos como «El padrenuestro» (Mt 6:5-13), los padres y maestros cuentan con una herramienta útil y práctica para comunicar esta importante enseñanza .

Edificando un hogar feliz
¿De dónde venimos? ¿Cuál es nuestro propósito? ¿Qué es una familia? ¿Cómo funciona?
Respuestas a estas preguntas preparan a nuestros niños para cumplir su propósito tomando en cuenta a aquel que creó la familia y desea que tengamos un hogar feliz.

El secreto de las finanzas sanas
Los niños están listos para aprender a identificar los recursos que el Señor les ha regalado.
Cómo honrar a Dios y tener cuidado de no permitir que la provisión que el Señor añade se pierda.

Contáctenos
Elsa Hermosillo
tfbeto@yahoo.com

SEMBRADOS
EN BUENA TIERRA

1 { Escuchar, oír con atencion }

Efesios 1:13-14
13 En él también vosotros, habiendo oído la palabra de verdad, el evangelio de vuestra salvación, y habiendo creído en él, fuisteis sellados con el Espíritu Santo de la promesa, **14** que es las arras de nuestra herencia hasta la redención de la posesión adquirida, para alabanza de su gloria.

Romanos 10:17
17 Así que la fe es por el oír, y el oír, por la palabra de Dios.

Objetivos:

Ayudar al niño a:
• Saber de dónde proviene la fe.
• Entender qué es escuchar.
• Aprender a oír con atención la Palabra de Dios.

Textos:
Efesios 1:13-14, Romanos 10:17

Versículo a memorizar:
«Así que la fe es por el oír, y el oír, por la palabra de Dios». *Romanos 10:17*

Desarrollo del tema:

Hoy iniciaremos nuestra preparación para ser un discípulo de Cristo.

¿Qué es ser un discípulo de Cristo?

La palabra discípulo significa «*alumno, principiante, estudiante*». Jesús es el maestro y a los que siguen sus enseñanzas se les llama «*discípulos*».

Un discípulo de Cristo es una persona que ha recibido a Jesús como su Salvador y le está permitiendo ser el Señor de su vida. Está aprendiendo a permanecer en él, y a conocerlo, porque sabe que Dios tiene un propósito para él o ella.

¿Qué significa recibirlo como nuestro Salvador?

Bueno, desde chiquitos, nadie nos tiene que enseñar a portarnos mal, ni a desobedecer, o decir mentiras; hay una inclinación natural en nosotros hacia lo que Dios en su Palabra llama «*pecado*». El castigo que nos merecemos por ese pecado es muy grande porque nos separa de Dios. Dice la Biblia que si alguien no paga ese castigo, entonces al morir no puede estar en el cielo con Dios y no solo eso, sino que aquí en la tierra, las consecuencias de esas cosas que hemos hecho, o estamos haciendo mal, nos van a dar muchos problemas y van a traer cosas desagradables a nuestra vida y a la de las personas que nos aman.

Dios no quiere eso, él quiere que al morir, podamos estar con él, y también quiere evitarnos problemas y situaciones dolorosas y tristes aquí en la tierra.

Para eso vino Jesús, para tomar el castigo que nosotros merecíamos. El castigo era muy grande por eso tuvo que pagar con su propia vida, y morir en una cruz, como si fuese culpable de todas esas cosas malas y equivocadas, que hemos hecho nosotros.

Si nosotros creemos en ese sacrificio como algo que nosotros merecíamos, pero que él pagó en nuestro lugar, eso se llama «*Salvación*» y nos abre la puerta al cielo al morir.

Mientras tanto, aquí en la tierra, recibimos al Espíritu Santo que nos ayuda a que nuestra vida cambie, al conocer y obedecer a Jesús, eso es recibirlo como «Señor», o sea que ya no mandamos nosotros, sino él.

Como la salvación no es algo que nos podamos ganar, sino tan solo recibir por fe, la Biblia le llama «gracia».

La gracia es la puerta para llegar al Padre que está en el cielo y la fe en el sacrificio de Jesucristo en nuestro lugar, es la llave que nos abre esa puerta.

«Porque de tal manera amó Dios al mundo, que dio a su hijo unigénito, para que todo aquel que en él cree no se pierda mas tenga vida eterna». **Juan 3:16**

«Y esta es la vida eterna: que te conozcan a ti, el único Dios verdadero, y a Jesucristo, a quien has enviado». **Juan 17:3**

Dios quiere que lo conozcamos a él y a Jesucristo, y esto solo puede hacerse a través de su Palabra, es decir la Biblia. Así que, el primer paso para aprender a ser un discípulo de Jesucristo, es oír la Palabra de Dios con atención, porque a través de ella conoceremos a Dios.

¿Cómo podemos oír la Palabra de Dios con atención?

Dios nos dio oídos para percibir los sonidos que nos rodean. La palabra «escuchar» viene de la palabra griega Akoúo que significa oír con atención.

Dios quiere que aprendamos a escuchar su Palabra con atención, porque si lo hacemos, producirá en nosotros fe (*Romanos 10:17*).

La Palabra, tiene todos los elementos que nuestro espíritu necesita, para que podamos convertirnos en discípulos y que la imagen de Cristo se forme en nuestras vidas (*Isaias 55:10-11*).

Juan 3:16
16 Porque de tal manera amó Dios al mundo, que ha dado a su Hijo unigénito, para que todo aquel que en él cree, no se pierda, mas tenga vida eterna.

Juan 17:3
3 Y esta es la vida eterna: que te conozcan a ti, el único Dios verdadero, y a Jesucristo, a quien has enviado.

Isaías 55:10-11
10 Porque como desciende de los cielos la lluvia y la nieve, y no vuelve allá, sino que riega la tierra, y la hace germinar y producir, y da semilla al que siembra, y pan al que come,
11 así será mi palabra que sale de mi boca; no volverá a mí vacía, sino que hará lo que yo quiero, y será prosperada en aquello para que la envié.

1 { Oír, escuchar con atención }

Aprendizaje activo

● Niños PEQUEÑOS.

Orejas. Dé a cada niño dos copias de la figura de la oreja y una tira de papel, mientras los niños colorean las orejas, engrape la tira de papel de acuerdo al perímetro de la cabeza de cada niño, después se pegaran ahí las orejas.

Explique a los niños que cuando estudiamos la Palabra de Dios, debemos imaginar que nuestras orejas son tan grandes como las de un elefante de esa manera podremos escuchar todo lo que nos enseñen Dios nuestros pastores, padres o maestros.

Material:
- Crayones
- Tijeras
- Tiras de papel de 1" x 18"
- Engrapadora o Cinta adhesiva
- Copias de la oreja

● Niños GRANDES

Oír con atención. Explique a los niños que en esta actividad vamos a hacer un collar y tienen que oír con atención, si lo hacen les saldrá bien. ¿Por qué tenemos que practicar el escuchar? Para que podamos escuchar con atención la Palabra de Dios. Es importante que usted tenga un collar antes de la clase par dar las instrucciones a los niños y le sea más fácil comprobar que todos hayan seguido el orden de los colores que usted les ha dado.

Dé a cada niño igual cantidad y colores de cuentas o pedazos de popotes, y una hebra de estambre para ensartarlas del tamaño apropiado para hacer un collar. Provea a cada uno la misma cantidad de bolitas perforadas o pedazos de popotes y de los mismos colores.

Dé las instrucciones a los niños; por ejemplo: pon una bolita amarilla en tu hilo, ahora dos bolitas rojas. Luego pon una bolita verde, etc. Cuando usted haya terminado de dar las instrucciones los niños pueden comparar sus collares con los de sus amiguitos para ver si todos han oído con atención.

Material:
- Cuentas de colores ó
- Popotes de colores cortados a 1" de largo
- Estambre

● JUEGO. Pasando el mensaje

Haga sentar a los niños en círculo. Susúrrele algo acerca de la lección a uno de los niños. Ese niño debe decirle lo mismo al compañerito que está a su derecha; ese niño se lo dirá al siguiente niño, y así sucesivamente hasta que el mensaje regrese hasta usted. Diga en voz alta lo que oye para ver si es lo mismo que usted le dijo al primer niño.

Vuelva a hacer el juego pero esta vez toque alguna música de fondo o tarare alguna melodía mientras los niños van pasando el mensaje. Concluya con la siguiente conversación.

Cuando todos están calladitos es fácil pasar el mensaje del uno al otro; pero cuando hay ruido es difícil oír el mensaje. Por eso es importante estar quietos y escuchar la Palabra de Dios en la iglesia.
Si todos están quietos escuchando es más fácil oír y aprender.

Niños pequeños

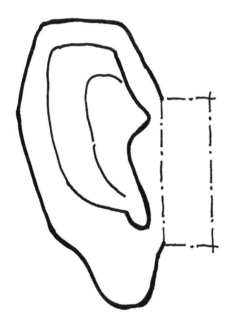

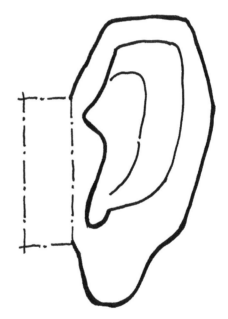

Notas

Niños pequeños

Instrucciones:
Colorea el dibujo

«Así que la fe es por el oír, y el oír,

por la palabra de Dios...» **Romanos 10:17**

Niños GRANDES

| Hoja de actividades | 1 { Escuchar, oír con atención } |

1 Versículo para memorizar:

«Así que la fe es por el oír, y el oír, por la palabra de Dios...» **Romanos 10:17**

2 Llena los espacios en blanco:

En él también vosotros, habiendo _____ la palabra de _____, el evangelio de vuestra _____ , y habiendo _____ en él, fuisteis _____ con el _____ de la promesa.

Efesios 1:13

3 Marca la respuesta correcta:

¿De dónde proviene nuestra fe en Dios?

a) De escuchar cuentos

b) Se compra en la tienda

c) Del oír la palabra de Dios

d) Viene por correo

4 ¿Falso ó verdadero?

1. Para creer en Dios tenemos que oír de él

☐ FALSO   ☐ VERDADERO

2. Cuando creemos en Jesús somos sellados con el Espíritu Santo

☐ FALSO   ☐ VERDADERO

2 { Leer, repasar lo aprendido }

Objetivos:

Ayudar al niño a:
- Creer que lo que leemos en la Biblia no son cuentos.
- Saber lo importante que es repasar lo que escuchamos acerca de las verdades bíblicas.
- Entender que repasando lo aprendido se desarrolla una relación personal con Dios.

Texto: Hechos 8:26-39

Versículo a memorizar:
«Porque todo aquel que pide, recibe; y el que busca, halla; y al que llama, se le abrirá». *Lucas 11:10*

Desarrollo del tema:

En la clase pasada aprendimos que el primer paso para ser un discípulo de Jesús es escuchar con atención la Palabra de Dios; ahora vamos a aprender el segundo paso, que es: leer. El significado de la palabra leer, que en griego es Anaginósko, es aprender de nuevo o repasar lo aprendido.

¿Por qué tenemos que leer lo que ya escuchamos de la Palabra de Dios?

Es importante repasar lo que ya aprendimos, para entender las instrucciones que el Señor nos esta dando. *(Mateo 13:23)*. Si no repasamos lo que oímos de la Palabra de Dios, fácilmente lo olvidaremos y no podremos ser discípulos de Cristo. Recuerda que para desarrollar una relación con Dios y para parecernos a Jesús, es importante conocer su Palabra (la Biblia) y obedecerla.

Hace mucho tiempo, antes de que viniera Jesús al mundo, Dios hablaba con una persona que se llamaba profeta y este le decía a las demás personas las instrucciones. Ahora que Jesús ya vino, y murió y resucitó, él nos dijo que las instrucciones las recibiríamos a través de la Biblia.

En los tiempos de los primeros cristianos dice la Biblia que había un hombre que había ido de Etiopía hasta Jerusalén, para adorar a Dios, y escuchar su Palabra; y de regreso a su casa iba muy contento leyendo lo que había oído de la Palabra de Dios, queriendo entender, pero no podía; así que Dios envió a su siervo Felipe para que le enseñara, y al Espíritu Santo para que pudiera entender lo que leía y deseara obedecer sus mandamientos.

En nuestros tiempos Dios pone en la iglesia pastores, maestros y a nuestros padres que son los que nos ayudan a entender la Palabra de Dios y así poder descubrir el propósito de Dios para nuestra vida.

El Espíritu Santo que mora dentro de nosotros es un guía personal que nos enseña la verdad en nuestra mente y corazón. Por eso, para cooperar con nuestro amoroso Maestro, debemos escuchar con atención y repasar lo aprendido.

Al desarrollar el hábito de leer la Biblia todos los días, obtendremos el gozo de ir avanzando en el conocimiento de Dios y de su plan para nosotros.

Hechos 8:26-39

26 Un ángel del Señor habló a Felipe diciendo: Levántate y vé hacia el sur, por el camino que desciende de Jerusalén a Gaza, el cual es desierto.
27 Entonces él se levantó y fue. Y sucedió que un etíope, eunuco, funcionario de Candace reina de los etíopes, el cual estaba sobre todos sus tesoros, y había venido a Jerusalén para adorar,
28 volvía sentado en su carro, y leyendo al profeta Isaías.
29 Y el Espíritu dijo a Felipe: Acércate y júntate a ese carro.
30 Acudiendo Felipe, le oyó que leía al profeta Isaías, y dijo: Pero ¿entiendes lo que lees?
31 Él dijo: ¿Y cómo podré, si alguno no me enseñare? Y rogó a Felipe que subiese y se sentara con él.
32 El pasaje de la Escritura que leía era este: Como oveja a la muerte fue llevado; Y como cordero mudo delante del que lo trasquila, Así no abrió su boca.
33 En su humillación no se le hizo justicia; Mas su generación, ¿quién la contará? Porque fue quitada de la tierra su vida.
34 Respondiendo el eunuco, dijo a Felipe: Te ruego que me digas: ¿de quién dice el profeta esto; de sí mismo, o de algún otro?
35 Entonces Felipe, abriendo su boca, y comenzando desde esta escritura, le anunció el evangelio de Jesús.
36 Y yendo por el camino, llegaron a cierta agua, y dijo el eunuco: Aquí hay agua; ¿qué impide que yo sea bautizado?
37 Felipe dijo: Si crees de todo corazón, bien puedes. Y respondiendo, dijo: Creo que Jesucristo es el Hijo de Dios.
38 Y mandó parar el carro; y descendieron ambos al agua, Felipe y el eunuco, y le bautizó.
39 Cuando subieron del agua, el Espíritu del Señor arrebató a Felipe; y el eunuco no le vio más, y siguió gozoso su camino.

2 {Leer, repasar lo aprendido}

Aprendizaje activo

● Niños PEQUEÑOS:

Dé a los niños la hoja con el dibujo de la Biblia y permita que la coloreen, recorte la Biblia y las tiras de palabras, fije con cinta adhesiva las tiras en orden. Después puede pegar la Biblia solo por las orillas sobre un papel negro que en el perímetro sea 1 cm. más grande, para terminarlo puede pegarle un pedazo de imán en la parte de atrás de la hoja negra.

Material:
- Copias de la hoja con la Biblia y el versículo.
- Papel construcción negro. (Cortado por la mitad)
- Tijeras
- Pegamento
- Cinta adhesiva
- Crayones

● Niños GRANDES:

Juego: Tome varios libros de cualquier clase y Biblias, póngalos boca abajo en una mesa. Por turnos, los niños deben levantar un libro y decir si es una Biblia o un libro de cuentos.
Explique a los niños que Dios nos habla a través de la Biblia.
La Biblia es un libro especial no es un libro de cuentos.

Finalice el juego con adivinanzas acerca de personas que nos ayudan a leer y entender la Biblia. Describa a varias personas y pida que los niños, digan de quién se trata.

Por ejemplo:
1. ¿En quién estoy pensando? Es una persona que todos los domingos viene a la iglesia a enseñar una historia bíblica. (Maestro(a))
2. ¿En quién estoy pensando? Es un hombre que habla de Dios todos los domingos enfrente de un grupo de personas. (Pastor)
3. ¿En quién estoy pensando? Lee la Biblia contigo cada noche antes de que te duermas. (Papá o mamá)

Niños pequeños

Instrucciones:
Colorea el dibujo

LUCAS 11:10

a | *«Porque todo aquel que pide, recibe;*

b | *y el que busca, halla;*

c | *y al que llama, se le abrirá»*

Notas

....
....
....
....
....
....
....
....
....
....
....
....
....
....
....
....
....
....
....
....

Niños GRANDES

Instrucciones:
Encuentra las palabras.

2 { Leer, repasar lo aprendido }

A	S	P	O	R	E	D	N	E	T	N	E
N	O	I	R	A	M	R	I	V	U	E	S
A	C	D	I	B	U	S	C	A	B	R	P
G	R	E	C	I	B	E	A	B	A	H	I
I	A	D	S	N	V	B	H	R	T	M	R
N	I	G	E	C	A	R	S	I	C	A	I
O	L	K	R	P	U	N	E	R	W	O	T
S	B	L	Y	A	M	C	O	U	S	L	U
K	I	A	T	C	A	U	H	A	L	L	A
O	B	E	D	E	C	E	R	A	C	U	G
L	E	E	R	O	R	S	M	S	R	P	K
W	R	E	P	A	S	A	R	O	V	F	I

ANAGINOSKO   OBEDECER   ABRIR

BIBLIA   REPASAR   PIDE

ENTENDER   HALLA   ESCUCHAR

OIR   LLAMA   LEER

BUSCA   ESPIRITU   RECIBE

| Hoja de actividades | 2 {Leer, repasar lo aprendido} |

1 **Versículo para memorizar:**

«Y yo os digo: Pedid, y se os dará; buscad, y hallaréis; llamad, y se os abrirá. Porque todo aquel que pide, recibe; y el que busca, halla; y al que llama, se le abrirá». Lucas 11:9-10

2 **Llena los espacios en blanco:**

Un _____ habló a _____ diciendo: Levántate y ve hacia el sur, por el camino que desciende de_____ a Gaza, el cual es desierto. **Hechos 8:26**

3 **Marca la respuesta correcta:**

Hechos 8:27-28 ¿De qué ciudad venía el eunuco para adorar a Dios?

a) Etiopía   **b)** Jerusalén   **c)** Gaza   **d)** McAllen

4 **¿Falso ó verdadero?**

• **Hechos 8:26-34**

1. Dios envió a su siervo Felipe a suplir la necesidad del eunuco.
   ☐ FALSO   ☐ VERDADERO

2. Dios envió a su Espíritu Santo para que el eunuco entendiera lo que leía.
   ☐ FALSO   ☐ VERDADERO

• **Hechos 8:35-39**

1. Felipe le anunció el evangelio de Jesús al eunuco.
   ☐ FALSO   ☐ VERDADERO

2. El eunuco no se bautizó porque en el desierto no hay agua.
   ☐ FALSO   ☐ VERDADERO

3 { Escudriñar, examinar a fondo }

Objetivos:
Ayudar al niño a:
- Entender el significado de la palabra escudriñar.
- Aprender cuándo debemos escudriñar la Palabra de Dios.
- Saber lo importante que es escudriñar lo que oímos y leemos de la Palabra de Dios.

Texto:
Hechos 17:11-12

Versículo a memorizar:
«*Escudriñad las Escrituras; ellas son las que dan testimonio de mí*». **Juan 5:39**

Desarrollo del tema:

¿Se te ha perdido algo alguna vez, algo así como un juguete, un libro, tal vez dinero?

Buscas y buscas hasta que lo encuentras. Nada puede interrumpir esta búsqueda; se convierte en tu prioridad.

Hoy aprenderemos a buscar a Jesús en nuestra Biblia hasta que lo encontremos.

¿Jesús está en nuestra Biblia? ¿Cómo lo vamos a encontrar?

Escudriñando la Palabra de Dios. Recuerda que estamos aprendiendo cómo ser un discípulo de Jesús, y si queremos ser de los mejores, primero vamos a escuchar con atención, después vamos a repasar lo aprendido, y ahora vamos a escudriñar la Palabra de Dios para encontrar a Jesús.

¿Qué es escudriñar?

Escudriñar (*Anakrino*) significa examinar, investigar, discernir, escarbar. Si deseamos hallar a Jesús debemos escudriñar las escrituras, lo cual requiere diligencia en buscar y deseo de hallar. Hemos de hallar con mayor empeño que el que llevan los hombres a las minas de oro o plata y los buscadores de perlas.

El pasaje de hoy nos habla de cuando Pablo fue a una ciudad que se llamaba Berea, ahí habló a muchas personas del evangelio de Jesús. Estas personas nunca habían oído hablar de Jesús, pero escucharon con atención y repasaron lo aprendido leyendo la Palabra de Dios. Después la escudriñaron, es decir examinaron a fondo lo que habían escuchado para asegurarse de que lo que Pablo hablaba era verdad. Cuanto más conozcamos la Palabra de Dios, más podremos distinguir entre lo que es verdad, y lo que no lo es.

Jesús dijo: «Yo soy la verdad...» (*Juan 14:6*) cuando esa verdad llena nuestra mente y corazón, podremos reflejar a Jesús.

Hechos 17:11-12
11 Y éstos eran más nobles que los que estaban en Tesalónica, pues recibieron la palabra con toda solicitud, escudriñando cada día las Escrituras para ver si estas cosas eran así. **12** Así que creyeron muchos de ellos, y mujeres griegas de distinción, y no pocos hombres.

Juan 5:39
39 Escudriñad las Escrituras; porque a vosotros os parece que en ellas tenéis la vida eterna; y ellas son las que dan testimonio de mí.

Juan 14:6
6 Jesús le dijo: Yo soy el camino, y la verdad, y la vida; nadie viene al Padre, sino por mí.

Por eso los hermanos de Berea escudriñaban las Escrituras todos los días. No solo fue un día o cuando se acordaron, las escudriñaron todos los días.

¿Por qué es importante examinar a fondo la Palabra de Dios?

Debemos estudiar la Palabra de Dios con diligencia y profundizar en cada pasaje cuando nos sea posible para aclarar dudas, entender y ampliar la enseñanza que hayamos recibido y para asegurarnos que lo que hemos oído, sea realmente la Palabra de Dios y no ser engañados.

No solo debemos aprender en nuestra mente lo que nos enseñan, sino también obedecer.

Debemos tener disposición de oír, repasar, creerle a Dios, y obedecer, con el deseo de cumplir el proyecto que Dios tiene para nuestra vida.

No olvidemos que un discípulo de Jesús hace lo que él hizo, habla como él, se comporta como él y la gente puede ver a Jesús en su vida.

3 {Escudriñar, examinar a fondo}

Aprendizaje activo

● Niños PEQUEÑOS:

1. Colorear el dibujo

Material:
• Crayones
• Copias de la hoja para colorear

● Niños GRANDES:

1. Resolver el juego
2. Colorear el dibujo del mensaje escondido
3. Resolver el cuestionario de la clase usando la Biblia

Material:
•Crayones, marcadores o lápices de colores
•Lapicero o lápiz

Niños pequeños

3 { Escudriñar, examinar a fondo }

«Escudriñad las Escrituras; ellas son
las que dan testimonio de mí». **Juan 5:39**

Niños GRANDES

Instrucciones: Tacha las letras **K**, **X** y **Z**, luego escribe las letras restantes en las líneas de abajo.

k	e	x	s	z	c	k	u	x	d
z	r	k	i	x	ñ	z	a	k	r
x	l	z	a	k	s	x	e	z	s
k	c	x	r	z	i	k	t	x	u
z	r	k	a	x	s	z	s	k	o
x	n	z	l	k	a	x	s	z	q
k	u	x	e	z	d	k	a	x	n
z	t	k	e	x	s	z	t	k	i
x	m	z	o	k	n	x	i	z	o
k	d	x	e	z	m	k	i	x	z

_____

_____

_____

_____

Encuentra el mensaje escondido

Instrucciones: Usa un color en los espacios que tienen un punto y otro color en los que tienen una flecha

3 { Escudriñar, examinar a fondo }

«Escudriñad las Escrituras; ellas son las que dan testimonio de mí». **Juan 5:39**

Niños GRANDES

Hoja de actividades

3 { **Escudriñar, examinar a fondo** }

---

1 **Llena los espacios en blanco:**

«Y estos eran más _____ que los que estaban en Tesalónica pues recibieron _____ con toda solicitud, _____ cada día las _____ para ver si éstas cosas eran así». **Hechos 17:11**

---

2 **Escribe la respuesta correcta:**

¿Cuáles son los tres requisitos para ser un discípulo de Jesús que hemos estudiado hasta ahora?

1) _____ 2) _____ 3) _____

---

3 **Encierra la respuesta correcta:**

¿Cómo podemos asegurarnos que lo que hemos escuchado verdaderamente es la palabra de Dios?

1) Alabando a Dios **2)** Orando **3)** Escudriñando las escrituras

Notas

4 {Meditar, razonar la palabra}

Romanos 12:1-2
1 Así que, hermanos, os ruego por las misericordias de Dios, que presenteis vuestros cuerpos en sacrificio vivo, santo, agradable a Dios, que es vuestro culto racional.
2 no os conformeis a este siglo, sino transformaos por medio de la renovación de vuestro entendimiento, para que comprobeis cuál sea la buena voluntad de Dios, agradable y perfecta.

Salmos 4:4
4 Temblad, y no pequéis; Meditad en vuestro corazón estando en vuestra cama, y callad.

Salmos 1:1-3
1 Bienaventurado el varón que no anduvo en consejo de malos, Ni estuvo en camino de pecadores, Ni en silla de escarnecedores se ha sentado;
2 Sino que en la ley de Jehová está su delicia, Y en su ley medita de día y de noche.
3 Será como árbol plantado junto a corrientes de aguas, Que da su fruto en su tiempo, Y su hoja no cae; Y todo lo que hace, prosperará.

Objetivos:

Ayudar al niño a:
- Entender el significado de las palabras «meditar» y «razonar»
- Explicar qué significa «misericordia».
- Saber cómo es la voluntad de Dios.

Textos:

Romanos 12:1-2, Salmos 4:4

Versículo a memorizar:

«Sino que en la ley de Jehová está su delicia y en su ley medita de día y de noche».
Salmos 1:2

Desarrollo del tema:

Has estado alguna vez en un lugar público rodeado por muchas personas y además todos están hablando al mismo tiempo? ¿Crees que sería posible escuchar a alguien que hable contigo? Lo más probable es que no. Para eso necesitas estar en un lugar sin ruidos y sin nada que te distraiga.

Lo mismo sucede con nuestra vida espiritual, si no hacemos un esfuerzo por encontrar un momento de tranquilidad entre nuestras ocupaciones (los deportes, las tareas escolares, la computadora, la televisión, etc.) entonces nos será imposible escuchar a Dios.

Hoy estudiaremos sobre la meditación en la Palabra de Dios. La palabra meditar viene de la palabra hebrea «amar», que significa razonar.

Meditar es invertir tiempo a solas con Dios (*Salmo 4:4*). No es tiempo de hablar es tiempo de razonar, de meditar en su misericordia (*Romanos 12:1-2*).

¿Qué es misericordia?

Misericordia quiere decir que no he recibido el castigo que merecía por todas las cosas que he hecho mal. Jesús tomó mi lugar y pagó el castigo por mi desobediencia.

Meditar en las misericordias de Dios, es acordarnos de todas esas cosas que Jesús pagó por nosotros y darle las gracias. Al ir meditando en las misericordias de Dios y en su Palabra, el Espíritu Santo irá cambiando nuestra manera de pensar y de actuar.

Claro que esto no será fácil, nos va a costar el estar dispuestos a ofrecer nuestras vidas a él, estar dispuestos a que ya no se haga lo que nosotros queremos, sino lo que él quiere.

Jesús con su ejemplo enseñó a sus discípulos a que mantuvieran una relación personal con él, sabía lo importante que es separar un tiempo para tener comunión con el Padre, Jesús pasó días y noches, buscando instrucción, fortaleza y unidad. Es decir que el meditaba en todo lo que le decía el Padre en cualquier lugar y a cualquier hora. Muy pronto se dieron cuenta sus discípulos de que la sabiduría, la calma, y el poder de Jesús venían de aquellas horas pasadas en la presencia de Dios.

Dios nos hace personas nuevas, cambiando nuestros pensamientos de pensamientos incorrectos a pensamientos correctos, pero para eso debemos escuchar con atención, repasar lo aprendido, examinar a fondo y meditar en la Palabra de Dios día y noche (*Salmos 1:1-3*).

Así el Espíritu Santo fijará su verdad en nuestra mente y corazón, y de esa manera comprobaremos que la voluntad de Dios, es buena, agradable y perfecta.

¿Cuál es la «voluntad de Dios»? Es «lo que Dios quiere», o «lo que Dios desea».
¿Por qué la voluntad de Dios es buena? Porque Dios quiere lo mejor para mí.
¿Por qué es agradable? Porque me va a gustar.
¿Por qué es perfecta? Porque Dios no se equivoca.

4 { Meditar, razonar la palabra }

Aprendizaje activo

Niños PEQUEÑOS:

1. Cuadro del día y la noche para colorear.
2. Completar el dibujo. Siguiendo el orden alfabético conectar los puntos hasta encontrar la figura y colorear.

Material:
- Crayones
- Lápices

Niños GRANDES:

1. Crucigrama.
2. Resolver el cuestionario de la clase usando la Biblia.
3. Encuesta: Dé a cada niño 24 piezas de galletas o cereal (fruit loops, cheerios, etc.) explíqueles que son las 24 horas que hay en un día y cada pieza equivale a 1 hora, pídales que las distribuyan de acuerdo a las actividades que realizan durante el día y el tiempo que dedica a ellas. Por ejemplo 8 horas para dormir, acomodarán 8 rueditas, 6 hrs. para estudiar en la escuela, 2 hrs. para comer, 2 para jugar, 1 hora para ver televisión, etc. Al terminar de distribuir las piezas podremos comparar cuánto tiempo dedicó a otras actividades y cuánto tiempo a meditar en la palabra de Dios

Material:
- Crayones, marcadores o lápices de colores
- Lapicero o lápiz
- Una caja de cereal de colores (fruti loops / cheerios, etc.)

Notas

Niños pequeños

Instrucciones:
Colorea el dibujo

4 { **Meditar, razonar la Palabra** }

«Sino que en la ley de Jehová está su delicia
y en su ley medita de día y de noche». **Salmos 1:2**

Notas

....

....

....

....

....

....

....

....

....

....

....

....

....

....

....

....

....

....

....

Niños pequeños

Instrucciones:
Une los puntos siguiendo el abecedario

$4 \{$ **Meditar, razonar la Palabra** $\}$

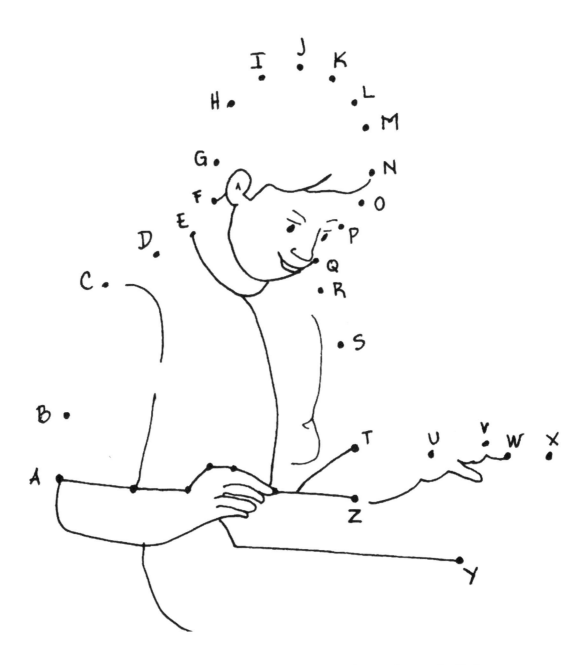

**«Sino que en la ley de Jehová está su delicia
y en su ley medita de día y de noche». Salmos 1:2**

Niños pequeños

Instrucciones: Llena los cuadros usando las palabras que están subrayadas en el versículo para memorizar.

4 { **Meditar, razonar la Palabra** }

«Sino que en la <u>ley</u> de <u>Jehová</u> está su <u>delicia</u> y en su ley <u>medita</u> de <u>día</u> y de <u>noche</u>». **Salmos 1:2**

Niños GRANDES

Hoja de actividades

4 { **Meditar, razonar la Palabra** }

1 **Versículo para memorizar:**

«Sino que en la ley de Jehová está su delicia y en su ley medita de día y de noche».
Salmos 1:2

2 **Une con una línea la palabra con su respuesta:**

1. Escuchar   Repasar lo aprendido

2. Leer   Razonar la palabra

3. Escudriñar   Oír con atención

4. Meditar   Examinar a fondo

3 **Escribe la respuesta correcta:**

¿Cómo es la voluntad de Dios?

a) Es buena pero tiene muchos errores

b) Es imperfecta y desagradable

c) Es buena, agradable y perfecta

3 **Llena los espacios en blanco:**

Así que, hermanos, os ruego por las_____ de Dios, que presentéis

vuestros cuerpos en _____ , santo, agradable a Dios, que es vuestro

culto racional. No os _____ a este siglo, sino_____ por medio

de la _____ de vuestro entendimiento, para que_____ cuál sea

la_____ de Dios, agradable y perfecta. **Romanos 12:1-2**

Notas

5 {Memorizar, fijar en la mente}

Objetivos:

Ayudar al niño a:
- Entender el significado de la palabra «*memorizar*»
- Saber cómo podemos memorizar la palabra de Dios.
- Saber cómo vamos a vencer el pecado.

Textos:

2 Pedro 3:1-2, Salmos 119:9-11, Apocalipsis 1:3 y 2 Samuel 12:9

Versículo a memorizar:

«En mi corazón he guardado tus dichos, para no pecar contra ti». Salmos 119:11

Desarrollo del tema:

En nuestra vida diaria hay cosas que son muy importantes y las aprendemos de memoria, por ejemplo: ¿Cuándo es tu cumpleaños? ¿Cuál es tu número de teléfono? ¿Tu dirección?

Dios nos dio una extraordinaria herramienta que es nuestro cerebro, este funciona como una computadora en donde guardamos mucha información y cada vez que la necesitamos activamos esta computadora y recordamos las cosas fácilmente.

Pero, ¿qué información vamos a poner en la memoria de esta computadora?

Memorizar viene de las palabras griegas **Mnáomai** que significa «fijar en la mente» y **Teréo** que significa guardar, atesorar en nuestro interior para sacar provecho abundante y creciente. Dios nos ha dejado en la Biblia todas las instrucciones para nuestra vida.

Ya hemos estudiado que como discípulos de Jesús debemos oír con atención, repasar lo aprendido, escudriñar y meditar en la Palabra de Dios. Si además de esto la obedecemos, él la irá grabando en nuestra mente y corazón. Esto quiere decir que iremos memorizando la Palabra de Dios, y esto nos ayudará a no pecar (*Salmos 119:9-11*) es decir a tomar mejores decisiones y así no desobedecer a Dios.

Porque el enemigo de Dios trata de convencernos con engaños de hacer algo equivocado con la promesa de que disfrutaremos. Eso quiso hacer con Jesús (*Mateo 4:1-11*), pero Jesús pudo defenderse del ataque del enemigo, respondiéndole con la Palabra de Dios.

La única arma que asegura nuestra victoria sobre el enemigo, y las circunstancias difíciles de la vida, es la Palabra de Dios, cuando la obedecemos.

2 Pedro 3:1-2
1 Amados, esta es la segunda carta que os escribo, y en ambas despierto con exhortación vuestro limpio entendimiento,
2 para que tengáis memoria de las palabras que antes han sido dichas por los santos profetas, y del mandamiento del Señor y Salvador dado por vuestros apóstoles;

Salmos 119:9-11
9 ¿Con qué limpiará el joven su camino? Con guardar tu palabra.
10 Con todo mi corazón te he buscado; No me dejes desviarme de tus mandamientos.
11 En mi corazón he guardado tus dichos, Para no pecar contra ti.

Apocalipsis 1:3
3 Bienaventurado el que lee, y los que oyen las palabras de esta profecía, y guardan las cosas en ella escritas; porque el tiempo está cerca.

2 Samuel 12:9
9 ¿Por qué, pues, tuviste en poco la palabra de Jehová, haciendo lo malo delante de sus ojos? A Urías heteo heriste a espada, y tomaste por mujer a su mujer, y a él lo mataste con la espada de los hijos de Amón.

5 {Memorizar, fijar en la mente}

Aprendizaje activo

● Niños PEQUEÑOS:

1. Colorear el dibujo.
2. Rompecabezas. Coloree y recorte las tarjetas. Luego póngalas hacia abajo y deles vuelta dos a la vez hasta que encuentre los pares. Juegue hasta que arme todas las figuras.

Material:
- Crayones
- Tijeras
- Copias del rompecabezas

● Niños GRANDES:

1. Colorear el dibujo con el laberinto.
2. Resolver el cuestionario de la clase usando la Biblia.
3. Rompecabezas. Hacer los grupos de cada clase en tarjetas de colores, el lado derecho es decir en donde va estar escrito debe ser de diferentes colores para cada grupo. Por ejemplo: Escuchar / Akoúo(griego) / Oír con atención y versículo a memorizar de color amarillo, para leer, rojo, para escudriñar, verde, etc., y al reverso todas deben ser del mismo color. Con las cartas puestas boca abajo y revueltas, cada niño tendrá oportunidad de voltear solo 2 cartas, y si son del mismo color las tomarán aparte, y el turno será para otro niño, así continuarán hasta encontrar todas las del mismo color.

Material:
- Crayones, marcadores o lápices de colores
- Lapicero o lápiz

Niños pequeños

Instrucciones:
Colorea el dibujo

5 { Memorizar,
fijar en la mente }

«En mi corazón he guardado tus dichos, para no pecar contra ti». **Salmos 119:11**

Notas

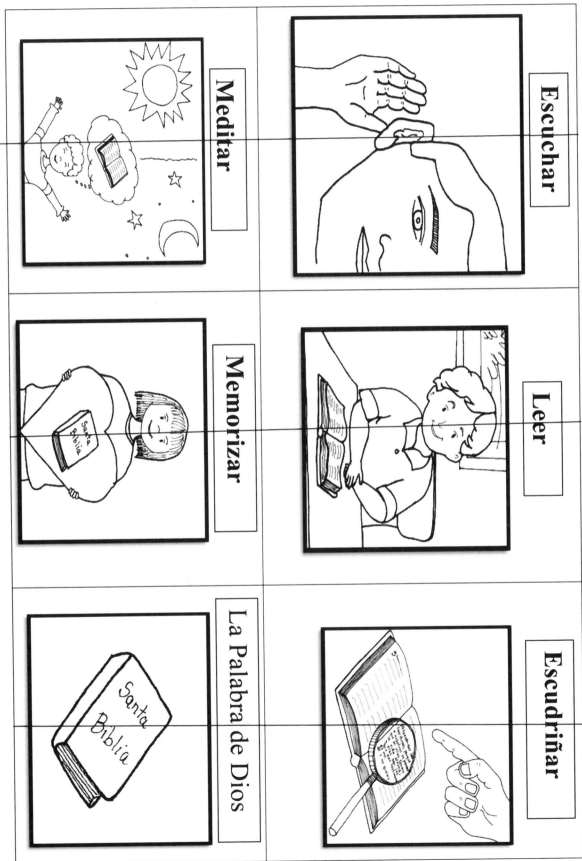

Escuchar

Meditar

Leer

Memorizar

Escudriñar

La Palabra de Dios

Notas

....

....

....

....

....

....

....

....

....

....

....

....

....

....

....

....

....

....

....

Niños pequeños

Instrucciones:
Encuentra al camino correcto dentro del laberinto.

5 { **Memorizar, fijar en la mente** }

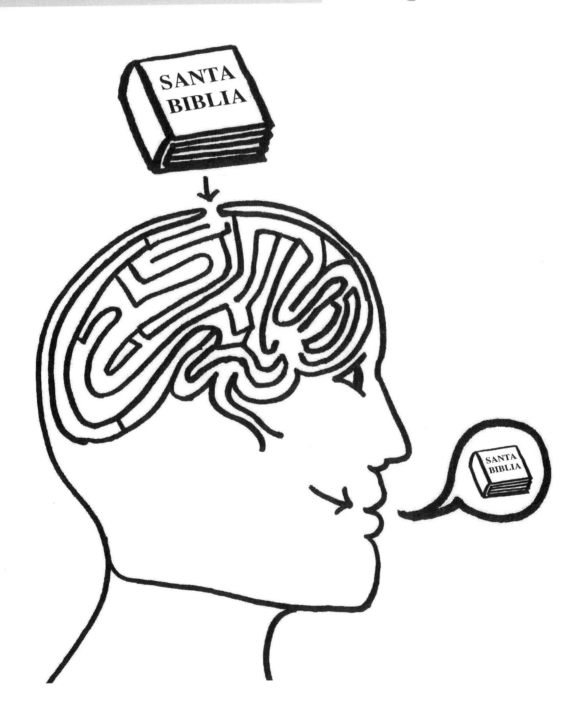

«En mi corazón he guardado tus dichos, para no pecar contra ti». **Salmos 119:11**

Niños GRANDES

| Hoja de actividades | 5 { Memorizar, fijar en la mente } |

1) Versículo para memorizar:

«En mi corazón he guardado tus dichos, para no pecar contra ti».
Salmos 119:11

2) Une con una línea la palabra con su respuesta:

1. Akoúo   Atesorar en el interior

2. Anaginósko   Fijar en la mente o en el corazón

3. Anakrino   Escuchar con atención

4. Amar   Examinar a fondo

5. Mnáomai   Repasar lo aprendido

6. Teréo   Razonar la palabra

3) Completa las palabras:

Menciona los 5 requisitos para ser un discípulo de Jesús:

1. O_____   2. L _____

3. E_____   4. M _____

5. M_____

4) Llena los espacios en blanco:

«Bienaventurado el que _____ , y los que _____

las _____ de esta profecía, y _____ las cosas en

ella escritas; porque el _____ está cerca». **Apocalipsis 1:3**

3) Contesta la pregunta:

¿Cuál es la única arma en nuestras batallas para tener victoria sobre el pecado?

_____

6 {Dar fruto, poner por obra}

Objetivos:

Ayudar al niño a:
- Entender el significado de «dar fruto».
- Conocer cuáles son los frutos de Espíritu.
- Entender cuál es la ley de la libertad.
- Saber cuál es el beneficio de vivir bajo el propósito de Dios.

Textos: Mateo 13:23, Gálatas 5:22, Santiago 1: 21-25, Filipenses 2:13, Gálatas 3:10-13 y Mateo 11:29-30

Versículo a memorizar:

«En esto es glorificado mi Padre, en que llevéis mucho fruto y seáis así mis discípulos». *Juan 15:8*

Desarrollo del tema:

Hoy estudiaremos uno de los propósitos de Dios para nuestra vida, que es dar fruto. Pero no creas que vamos a dar manzanas o naranjas como si fuéramos arbolitos, el fruto que nosotros vamos a dar es el fruto del Espíritu.

¿Cómo vamos a dar ese fruto? y ¿Cómo sabremos que es del Espíritu?

Sabemos que un árbol es de manzanas porque podemos ver que la fruta que da, son manzanas, ¿verdad? Nosotros sabremos que somos discípulos de Cristo cuando en nuestra vida se vea el fruto del Espíritu, es decir que el carácter de Dios se refleje en nuestras vidas (*Gálatas 5:22 y 23*).

¿Cómo vamos a sembrar la semilla para producir ese fruto?

Dios es el que siembra la semilla, la semilla es la Palabra de Dios y la «tierra» es nuestro corazón (*Mateo 13:23*). Recuerda que la Palabra de Dios tiene todos los elementos que nuestro espíritu necesita, para que la imagen de Cristo se forme en nuestras vidas (*Isaías 55:10-11*) y producir ese fruto. Necesitamos poner en práctica lo que aprendemos, es decir vivir de acuerdo a lo que dice la Palabra de Dios.

La palabra vivir proviene de la palabra griega «*Poietés*» que significa, hacer o desempeñar un trabajo. Dios quiere que desempeñemos un trabajo. ¿De qué manera?

Abriéndole paso a la Palabra de Dios hasta el fondo de nuestro corazón siguiendo los pasos que hemos estado estudiando: oyebdo con atención, repasando lo aprendido, examinando a fondo, razonando y fijando en la mente la Palabra de Dios.

La Palabra de Dios es como un espejo en el cual se pueden ver dos cosas:
1. Cómo es Dios
2. Cómo somos nosotros

Mateo 13:23
23 Mas el que fue sembrado en buena tierra, éste es el que oye y entiende la palabra, y da fruto; y produce a ciento, a sesenta, y a treinta por uno.

Gálatas 5:22-23
22 Mas el fruto del Espíritu es amor, gozo, paz, paciencia, benignidad, bondad, fe, 23 mansedumbre, templanza; contra tales cosas no hay ley.

Santiago 1:21-25
21 Por lo cual, desechando toda inmundicia y abundancia de malicia, recibid con mansedumbre la palabra implantada, la cual puede salvar vuestras almas. 22 Pero sed hacedores de la palabra, y no tan solamente oidores, engañándoos a vosotros mismos. 23 Porque si alguno es oidor de la palabra pero no hacedor de ella, éste es semejante al hombre que considera en un espejo su rostro natural. 24 Porque él se considera a sí mismo, y se va, y luego olvida cómo era. 25 Mas el que mira atentamente en la perfecta ley, la de la libertad, y persevera en ella, no siendo oidor olvidadizo, sino hacedor de la obra, éste será bienaventurado en lo que hace.

Filipenses 2:13
13 Porque Dios es el que en vosotros produce así el querer como el hacer, por su buena voluntad.

Al mirarnos en este espejo vamos a ver algunas manchas o imperfecciones, que son el pecado en nuestra vida y quizás no nos va a gustar lo que el espejo nos muestra.

Si queremos que la imagen de Dios se refleje en nosotros, y la imagen de Cristo se forme en nuestras vidas, primero debemos someternos a un proceso de limpieza y estar dispuestos a dejar que Dios retire de nuestras vidas toda la suciedad que hay en ella (*Juan 15:2*), todo lo que impide que podamos producir fruto.

¡Ah! Pero no solo debemos oír la Palabra de Dios, sino también debemos ser hacedores de la Palabra (*poietés*), practicando la ley de la libertad, tomando la mano de Dios y caminando con él, es decir siendo obedientes a su Palabra. Esto nos traerá muchos beneficios en todo lo que hagamos. El mejor beneficio será que seremos bienaventurados (*mokários*) es decir, felices y dichosos, al poner por obra, o sea hacer lo que Dios nos dice en su Palabra (*Juan 13:17*).

Gálatas 3:10-13
10 Porque todos los que dependen de las obras de la ley están bajo maldición, pues escrito está: Maldito todo aquel que no permaneciere en todas las cosas escritas en el libro de la ley, para hacerlas.
11 Y que por la ley ninguno se justifica para con Dios, es evidente, porque: El justo por la fe vivirá;
12 y la ley no es de fe, sino que dice: El que hiciere estas cosas vivirá por ellas.
13 Cristo nos redimió de la maldición de la ley, hecho por nosotros maldición (porque está escrito: Maldito todo el que es colgado en un madero).

Mateo 11:29-30
29 Llevad mi yugo sobre vosotros, y aprended de mí, que soy manso y humilde de corazón; y hallaréis descanso para vuestras almas;
30 porque mi yugo es fácil, y ligera mi carga.

Isaías 55:10-11
10 Porque como desciende de los cielos la lluvia y la nieve, y no vuelve allá, sino que riega la tierra, y la hace germinar y producir, y da semilla al que siembra, y pan al que come,
11 así será mi palabra que sale de mi boca; no volverá a mí vacía, sino que hará lo que yo quiero, y será prosperada en aquello para que la envié.

Juan 15:2
2 Todo pámpano que en mí no lleva fruto, lo quitará; y todo aquel que lleva fruto, lo limpiará, para que lleve más fruto.

Juan 13:17
17 Si sabéis estas cosas, bienaventurados seréis si las hiciereis.

6 {Dar fruto, poner por obra}

Aprendizaje activo

● Niños PEQUEÑOS:
1. Colorear el dibujo

Material:
- Crayones
- Copias de la actividad

● Niños GRANDES:
1. Resolver las palabras que están en desorden.
2. Resolver el cuestionario de la clase usando la Biblia.

Material:
- Copias de las actividades
- Lapiceros o lápices

Niños Pequeños

Instrucciones: Colorea el dibujo

6{ **Dar fruto,
poner por obra** }

Vivir la Palabra de Dios es como hacer ejercicio, te va haciendo más fuerte. Cuando tu vives la Palabra de Dios y haces lo que dice, irás creciendo como hijo de Dios y serás bienaventurado.

«En esto es glorificado mi Padre, en que llevéis mucho fruto y seáis así mis discípulos». Juan 15:8

Niños Pequeños

Instrucciones: Colorea el dibujo

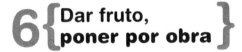

Colorea los días del mes en que tenemos que escuchar con atención, repasar lo aprendido, escudriñar, meditar y memorizar la Palabra de Dios para poder dar fruto.

Domingo	Lunes	Martes	Miércoles	Jueves	Viernes	Sábado

«En esto es glorificado mi Padre, en que llevéis mucho fruto y seáis así mis discípulos». Juan 15:8

Instrucciones: Ordena las letras de cada palabra y escríbela en la línea de la derecha.

6 { Dar fruto, poner por obra }

RAIM   _____

ENIBANEVODARUT   _____

DABTERIL   _____

TEIPUSIR   _____

DIORO   _____

IVIRV   _____

ECORDHA   _____

BOAR   _____

YLE   _____

DOIVLDAZIO   _____

TRUSOF   _____

REAVRSEPE   _____

«En esto es glorificado mi Padre, en que llevéis mucho fruto y seáis así mis discípulos». **Juan 15:8**

Niños GRANDES

| Hoja de actividades | **6** { Dar fruto, poner por obra } |

1) Versículo para memorizar:

«En esto es glorificado mi Padre, en que llevéis mucho fruto y seáis así mis discípulos». **Juan 15:8**

2) Marca la respuesta correcta:

1. ¿Qué quiere decir «el que mira atentamente...»?:

a) Ver algo sin pestañear

b) Oír y ver sin distracciones

c) Escuchar, leer, escudriñar, meditar y memorizar

d) Ver algo con una lente de aumento

2. ¿Qué beneficio me traerá el poner por obra la Palabra de Dios?

a) Saber mucho de la Biblia

b) Ser bienaventurado

c) Tener amigos en la iglesia

d) Ofrendar los domingos

3) Completa los espacios en blanco:

Por lo cual, _____ toda _____ y abundancia de malicia, recibid con _____ la palabra implantada, la cual puede _____ vuestras almas. Pero sed _____ de la palabra, y no tan solamente _____, engañándoos a vosotros mismos. **Santiago 1:21-22**

Notas

7 {Multiplicarnos, dar a conocer}

Objetivos:

Ayudar al niño a:
- Entender cómo vamos a multiplicarnos.
- Saber lo importante que es dar a conocer a Jesús.
- Aprender que es una manera de darle «alabanza» a Dios.

Textos:

Hebreos 13:13-15 y Romanos 10:14-15

Versículo a memorizar:

«Así que, ofrezcamos siempre a Dios, por medio de él, sacrificio de alabanza, es decir fruto de labios que confiesan su nombre». **Hebreos 13:15**

Desarrollo del tema:

Hoy hablaremos sobre el último paso para ser un discípulo de Jesús, que es multiplicarnos. ¿Qué significa eso? Significa que vamos a compartir con otras personas lo que Dios ha hecho en nuestras vidas. Vamos a darlo a conocer, a confesarlo.

La palabra que se usa en griego es *Ahmologéo*.

Vamos a dar a conocer las buenas nuevas, que son, que Jesús murió por nosotros en la cruz y resucitó (*Romanos 5:8, 6:23, 1 Juan 1:9*).

El compromiso y el privilegio de los discípulos de Jesús es dar a conocer las buenas nuevas (*Mateo 28:19-20*). Dar a conocer las buenas noticias es una tarea en la que hay que estar bien preparado, es como los atletas que van a las olimpiadas se preparan por cuatro años haciendo ejercicio todos los días. Esto los va haciendo más fuertes para estar listos para el día de la competencia. Nosotros también nos hemos preparado con los 6 pasos anteriores que fueron: escuchar, leer, escudriñar, meditar, memorizar y dar fruto; pero como los atletas, también tenemos que ejercitarnos cada día con estos pasos anteriores para estar fuertes y listos para dar a conocer a Jesús. Esta es una tarea difícil que requiere tiempo con Dios para desempeñarlo dignamente. Pero tenemos la seguridad de que si Cristo nos ha escogido para realizar esta tarea, él nos ayudará a mantenernos firmes. Cuando Jesús nos encarga una tarea también nos prepara para ella y nos sostiene durante todo el tiempo en que la llevamos a cabo.

La Palabra de Dios nos pide que como discípulos de Jesús, ofrezcamos sacrificio de alabanza (*Hebreos 13:15*). Alabanza no quiere decir que vamos a cantar. Alabanza viene de la palabra griega «*génesis*» que significa «*ofrenda de gratitud*» es decir que el sacrificio de alabanza es un fruto de amor producido por el Espíritu Santo confesando con nuestras palabras el nombre de Jesús a otros. (Romanos 10:14-15)

Cuando tienes algo que es muy bueno quieres compartirlo con otros. ¿Verdad? Si no les dices a tus amigos acerca del amor de Jesús, quizás nunca sepan que se están perdiendo de algo ¡¡súper!!

Al entender cuánto nos ama Dios, comenzamos a comprender lo importante que es hablarles a otros de Jesús (*Romanos 10:14-15*).

Hebreos 13:13-15
13 Salgamos, pues, a él, fuera del campamento, llevando su vituperio;
14 porque no tenemos aquí ciudad permanente, sino que buscamos la por venir.
15 Así que, ofrezcamos siempre a Dios, por medio de él, sacrificio de alabanza, es decir, fruto de labios que confiesan su nombre.

Romanos 10:14-15
14 ¿Cómo, pues, invocarán a aquel en el cual no han creído? ¿Y cómo creerán en aquel de quien no han oído? ¿Y cómo oirán sin haber quien les predique? **15** ¿Y cómo predicarán si no fueren enviados? Como está escrito: ¡Cuán hermosos son los pies de los que anuncian la paz, de los que anuncian buenas nuevas!

Romanos 5:8
8 Mas Dios muestra su amor para con nosotros, en que siendo aún pecadores, Cristo murió por nosotros.

Romanos 6:23
23 Porque la paga del pecado es muerte, mas la dádiva de Dios es vida eterna en Cristo Jesús Señor nuestro.

1 Juan 1:9
9 Si confesamos nuestros pecados, él es fiel y justo para perdonar nuestros pecados, y limpiarnos de toda maldad.

Mateo 28:19-20
19 Por tanto, id, y haced discípulos a todas las naciones, bautizándolos en el nombre del Padre, y del Hijo, y del Espíritu Santo; **20** enseñándoles que guarden todas las cosas que os he mandado; y he aquí yo estoy con vosotros todos los días, hasta el fin del mundo. Amén.

7 { Multiplicarnos, dar a conocer }

Aprendizaje activo

● Niños PEQUEÑOS:

1. Colorear el dibujo.

Material:
• Crayones
• Lápices

● Niños GRANDES:

1. Colorear el dibujo con el laberinto
2. Resolver el cuestionario de la clase

Material:

• Biblia
• Crayones, marcadores o lápices de colores
• Lapicero o lápiz

Niños pequeños

«Así que, ofrezcamos siempre a Dios, por medio de él, sacrificio de alabanza,
es decir fruto de labios que confiesan su nombre».
Hebreos 13:15

Niños **GRANDES**

Instrucciones: Para encontrar tu misión, enumera las letras del abecedario (A=1, B=2, etc.) Cuando termines, usa el código para encontrar las letras que van en las líneas.

$7 \{$ **Multiplicarnos, dar a conocer** $\}$

A=1   B=2   C=   D=   E=   F=   G=

H=   I=   J=   K=   L=   M=   N=

O=   P=   Q=   R=   S=   T=   U=

V=   W=   X=   Y=   Z=

$\overline{3}\ \overline{15}\ \overline{13}\ \overline{16}\ \overline{1}\ \overline{18}\ \overline{20}\ \overline{5} \qquad \overline{12}\ \overline{1}$

$\overline{16}\ \overline{1}\ \overline{12}\ \overline{1}\ \overline{2}\ \overline{18}\ \overline{1} \qquad \overline{4}\ \overline{5} \qquad \overline{4}\ \overline{9}\ \overline{15}\ \overline{19}$

$\overline{1} \qquad \overline{1}\ \overline{12}\ \overline{7}\ \overline{21}\ \overline{9}\ \overline{5}\ \overline{14} \qquad \overline{5}\ \overline{19}\ \overline{20}\ \overline{1}$

$\overline{19}\ \overline{5}\ \overline{13}\ \overline{1}\ \overline{14}\ \overline{1}$

«Así que, ofrezcamos siempre a Dios, por medio de él, sacrificio de alabanza, es decir fruto de labios que confiesan su nombre».
Hebreos 13:15

SEMBRADOS
EN BUENA TIERRA

Niños GRANDES

Instrucciones:
Encuentra el camino correcto en el laberinto

$7\left\{\begin{array}{l}\text{Multiplicarnos,}\\ \text{dar a conocer}\end{array}\right\}$

INICIO

META

«Así que, ofrezcamos siempre a Dios, por medio de él, sacrificio de alabanza, es decir fruto de labios que confiesan su nombre».
Hebreos 13:15

Notas

SEMBRADOS
EN BUENA TIERRA

Niños GRANDES

Hoja de actividades

7 { **Multiplicarnos, dar a conocer** }

1 ▶ **Versículo para memorizar:**

«Así que, ofrezcamos siempre a Dios, por medio de él, sacrificio de alabanza, es decir fruto de labios que confiesan su nombre». **Hebreos 13:15**

3 ▶ **Completa las palabras:**

Menciona los siete requisitos para ser discípulo de Jesús:

1. O _____   2. L _____   3. E _____

4. M _____   5. M _____   6. D _____

7. M _____

3 ▶ **Falso o verdadero:**

1. Son discípulos de Jesús los que solo oyen su Palabra.

☐ **Falso**   ☐ **Verdadero**

2. Multiplicarnos significa «dar a conocer a Jesús» a otros.

☐ **Falso**   ☐ **Verdadero**

3. Sacrificio de alabanza es confesar con nuestras palabras el nombre de Jesús

☐ **Falso**   ☐ **Verdadero**

4 ▶ **Completa los espacios en blanco:**

Salgamos, pues, a__, fuera del campamento, llevando su_____ ; porque no tenemos_____ciudad_____ , sino que buscamos la por venir. Así que, ofrezcamos_____ a Dios, por medio de él, sacrificio de _____ , es decir, fruto de labios que_____ su nombre. **Hebreos 13:13-15**

Nos agradaría recibir noticias suyas.
Por favor, envíe sus comentarios sobre este libro
a la dirección que aparece a continuación.
Muchas gracias.

Editorial Vida
8410 N.W. 53rd Terrace, Suite 103
Miami, Florida 33166

Vida@zondervan.com
www.editorialvida.com